小学生のための
ぐんぐん
ワーク・ブック 1

遠藤 蓉子・著　サーベル社

　本書は、サーベル社から既刊の「小学生のピアノ教本」に合わせて作られたワーク・ブックです。本書は、音符の基礎を丁寧にしっかりと定着するまで学んでいくワーク・ブックですので、小学生になってからピアノを初めて習う人、または幼児向きのテキストを終了した人に使っていただくと一層の効果を期待することができます。

　譜読みをしっかり勉強することはピアノの上達への近道ですから、毎週のレッスンのサイド・ワークとして毎週2ページ程度のペースで淡々とこなしていってください。豊富な反復練習をこなすことによって、自然な形で身についていきます。

　本書が、ピアノを学ぶ多くの小学生のためにお役に立てば幸いです。

2018年5月

遠　藤　蓉　子

ステップ 1	ト音記号のドレミファソ		4
ステップ 2	音符の長さ		6
ステップ 3	ヘ音記号のドレミファソ		8
ステップ 4	まとめ		10
ステップ 5	音符の名前		12
ステップ 6	復習		14
ステップ 7	音符の棒の向き		16
ステップ 8	休符の長さと名前		18
ステップ 9	左手の和音		20
ステップ 10	まとめ		22
ステップ 11	分散和音		24
ステップ 12	ト音記号のラシド		26
ステップ 13	ヘ音記号のラシド		28
ステップ 14	音階		30
ステップ 15	音符の棒の向き		32
ステップ 16	まとめ		34
ステップ 17	いろいろな記号		36
ステップ 18	拍子記号		38
ステップ 19	タイ・スラー・スタッカート		40
ステップ 20	復習		42
ステップ 21	シャープ・フラット・ナチュラル		44
ステップ 22	復習		46
ステップ 23	復習		48
ステップ 24	復習		50
ステップ 25	復習		52
ステップ 26	復習		54

ステップ 1 　　ト音記号のドレミファソ　　月　日

1. ト音記号を書きましょう
おんきごう か

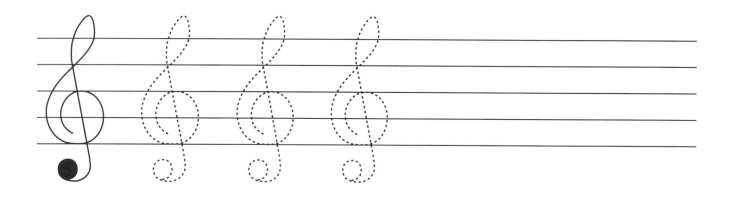

2. ( )の中に音の名前を書きましょう
なか おと なまえ か

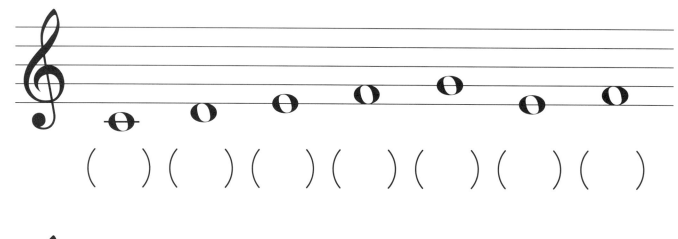

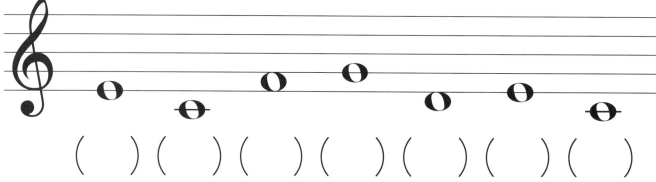

3. 音符を書きましょう

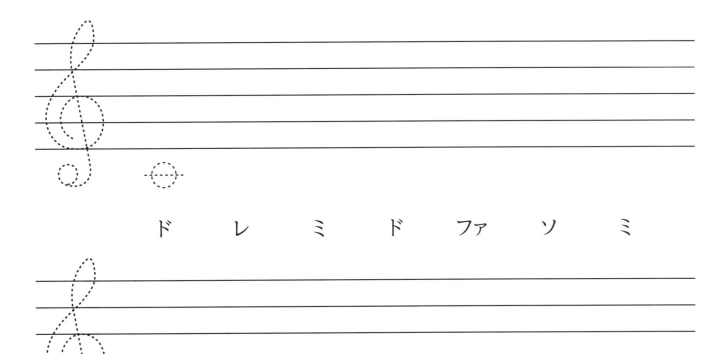

4. (　)の中に指番号を書きましょう

左手

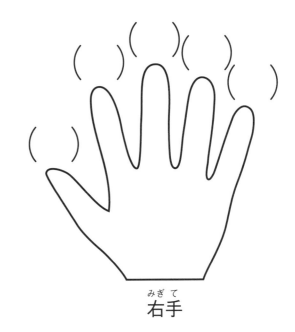
右手

| ステップ 2 | 音符の長さ | 月　　日 |

1. 音符とリンゴを線で結びましょう

2. (　)の中に音符の長さの数だけリンゴを書きましょう

3. ( )の中に音の名前を書きましょう

ステップ 3　　ヘ音記号のドレミファソ　　月　日

1. ヘ音記号を書きましょう

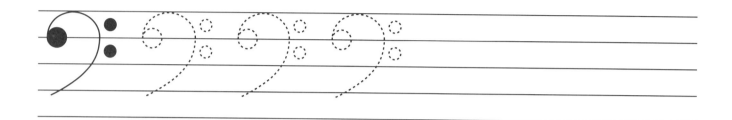

2. ( )の中に音の名前を書きましょう

ド レ ミ ファ ソ

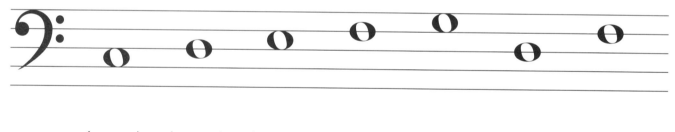

(　)(　)(　)(　)(　)(　)(　)

(　)(　)(　)(　)(　)(　)(　)

3. 音符を書きましょう

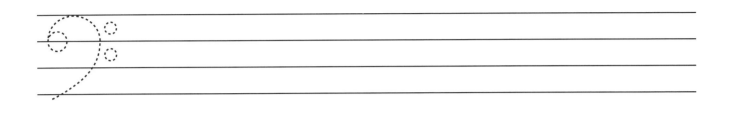

ド　ミ　ソ　レ　ファ　ミ　ソ

レ　ド　ファ　ソ　ミ　ファ　レ

4. リンゴの数の長さの音符を書きましょう

ステップ 4　　まとめ　　月　日

1. (　)の中に名前を書きましょう

2. (　)の中に音の名前を書きましょう

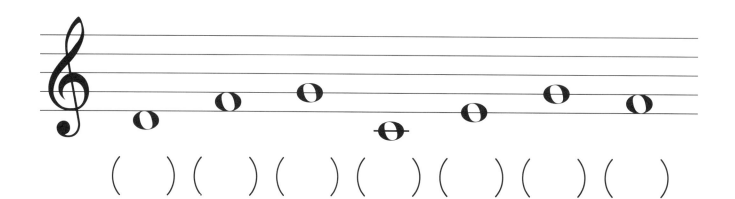

(　)(　)(　)(　)(　)(　)(　)

(　)(　)(　)(　)(　)(　)(　)

3. ( )の中に音の名前を書き、同じ音のカードを線で結びましょう

(   )

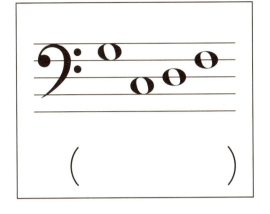
(   )

(   )

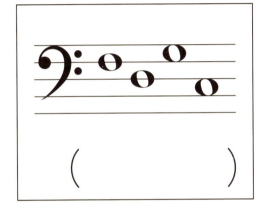
(   )

(   )

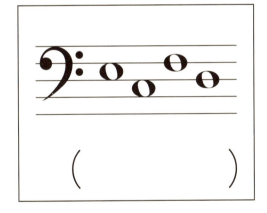
(   )

(   )

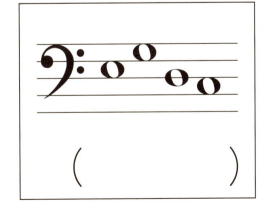
(   )

| ステップ 5 | 音符の名前 | 月　　日 |

1. 線で結びましょう

　　四分音符　　

　　付点二分音符　　

　　全音符　　

　　二分音符　　

2. ( )の中に名前を書きましょう

 (　　　　)　　○ (　　　　)

 (　　　　)　　 (　　　　)

○ (　　　　)　　 (　　　　)

3. ( )の中に音の名前を書きましょう

| ステップ 6 | 復 習 | 月　日 |

1.（　）の中に名前と長さの数のリンゴを書きましょう

名前　　　　　　　　　　　　　　　　リンゴ

♩. （　　　　　　　　　）（　　　　　　　　　　　）

o （　　　　　　　　　）（　　　　　　　　　　　）

♩ （　　　　　　　　　）（　　　　　　　　　　　）

♩ （　　　　　　　　　）（　　　　　　　　　　　）

2.（　）の中に音符で答えを書きましょう

♩ ＋ ♩ ＝ （　　　）　　　♩ ＋ ♩ ＝ （　　　）

♩. ＋ ♩ ＝ （　　　）　　　♩. － ♩ ＝ （　　　）

o － ♩ ＝ （　　　）　　　♩ ＋ ♩ ＝ （　　　）

♩ － ♩ ＝ （　　　）　　　o － ♩ ＝ （　　　）

3. (　)の中に音の名前を書きましょう

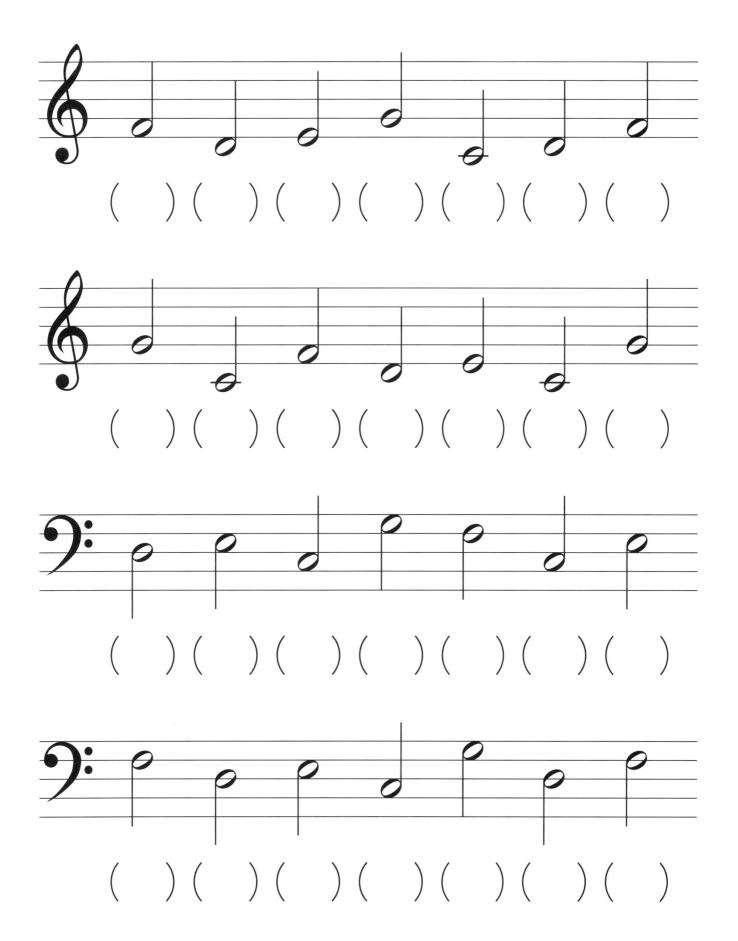

| ステップ 7 | 音符の棒の向き | 月　日 |

1. 音符に棒をつけて、(　)の中に音の名前を書きましょう

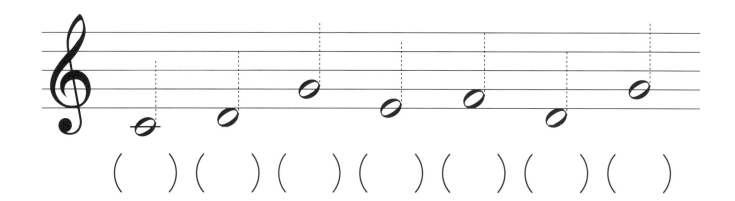

(　)(　)(　)(　)(　)(　)(　)

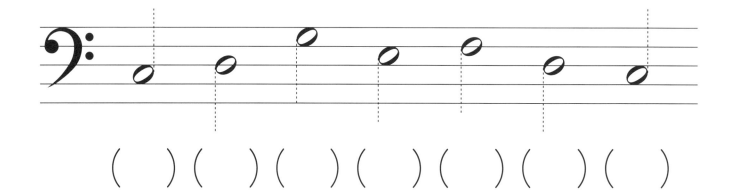

(　)(　)(　)(　)(　)(　)(　)

2. (　)の中に名前を書きましょう

3. 二分音符で書きましょう

| ステップ 8 | 休符の長さと名前 | 月　　日 |

1. 線で結びましょう（4/4のとき）

　　　四分休符

　　　二分休符　　　

　　　　　　　　全休符　　　

2. (　)の中に名前を書きましょう

♩. (　　　　　)　　▬ (　　　　　)

𝄽 (　　　　　)　　o (　　　　　)

𝅗𝅥 (　　　　　)　　▬ (　　　　　)

♪ (　　　　　)

3.（　）の中に音の名前を書きましょう

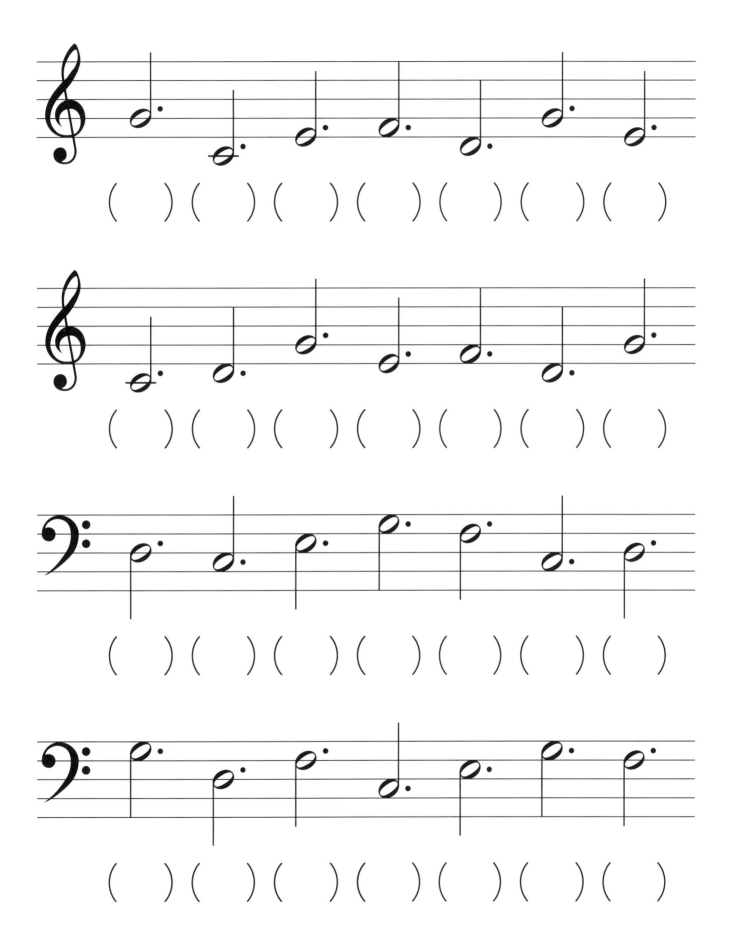

| ステップ 9 | 左手の和音 | 月　　日 |

1. ( )の中に音の名前を書きましょう

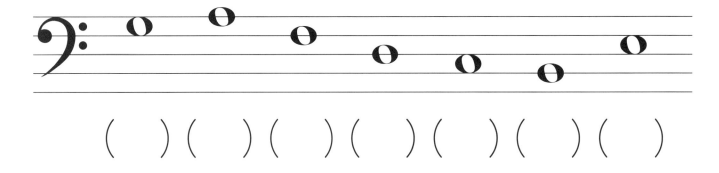

( )( )( )( )( )( )( )

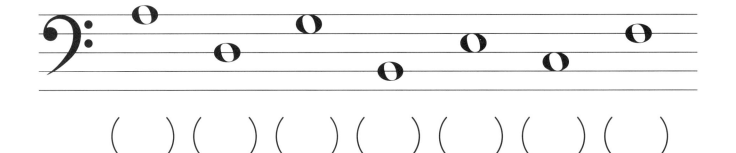

( )( )( )( )( )( )( )

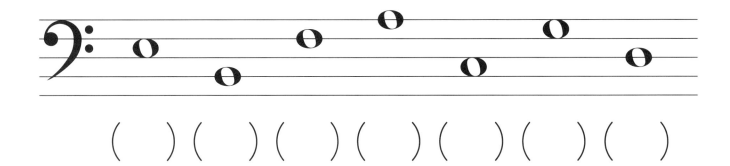

( )( )( )( )( )( )

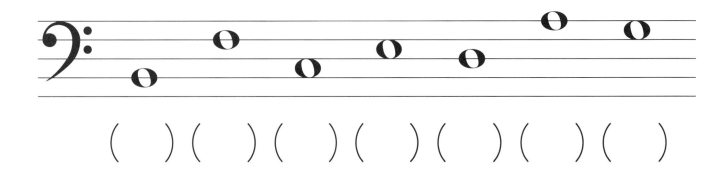

( )( )( )( )( )( )

2. 和音とおだんごと左手の指番号を線で結びましょう

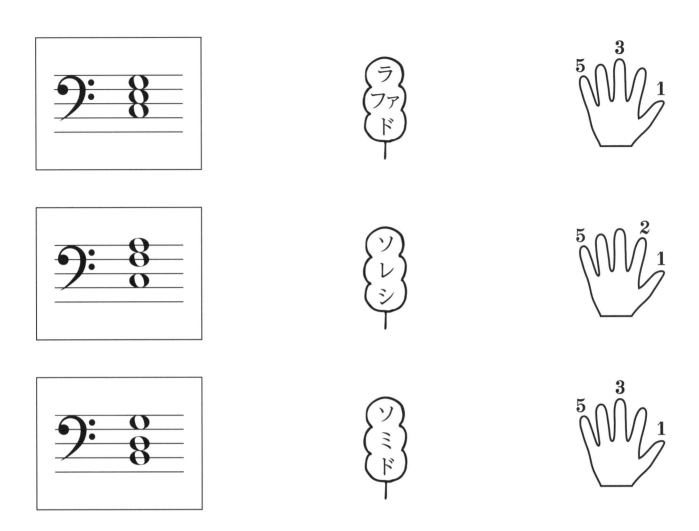

3. 和音を書きましょう

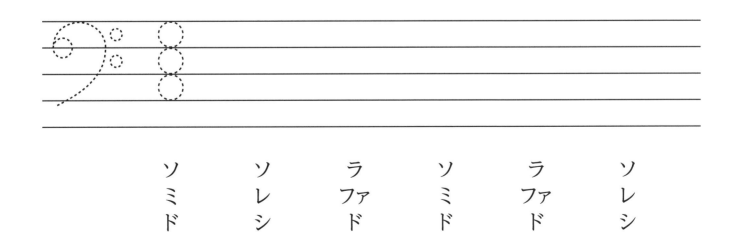

ステップ 10　　まとめ　　月　日

1. ( )の中に名前と長さの数のリンゴを書きましょう

　　　　　名前　　　　　　　　　　　リンゴ

♩. （　　　　　　　　）（　　　　　　　）

♩ （　　　　　　　　）（　　　　　　　）

𝄽 （　　　　　　　　）（　　　　　　　）

♩ （　　　　　　　　）（　　　　　　　）

𝄽 （　　　　　　　　）（　　　　　　　）

𝄻 （　　　　　　　　）（　　　　　　　）

o （　　　　　　　　）（　　　　　　　）

2. 音符の棒を書きましょう

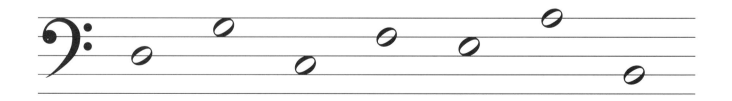

3. ( )の中に音の名前を書きましょう

ステップ 11　　分散和音

1. ( )の中に音の名前を書きましょう

( )( )( )( )( )( )( )
( )( )( )( )( )( )( )
( )( )( )( )( )( )( )

2. ( )の中に左手の指番号を書きましょう

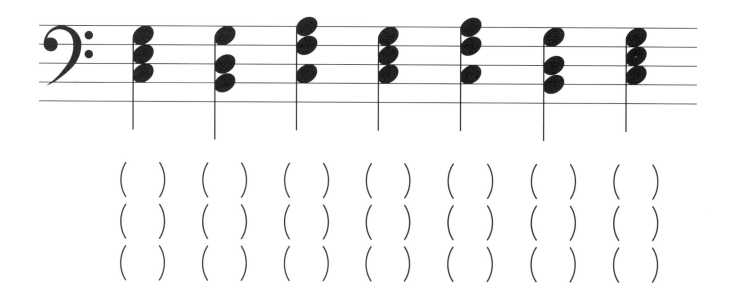

( )( )( )( )( )( )( )
( )( )( )( )( )( )( )
( )( )( )( )( )( )( )

3. 同じ音でできているものを線で結びましょう

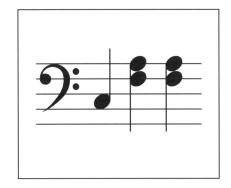
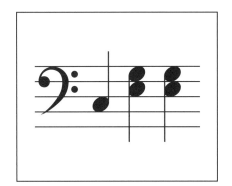
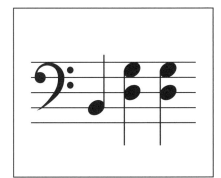

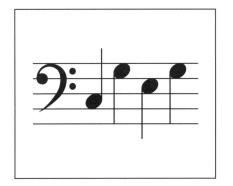
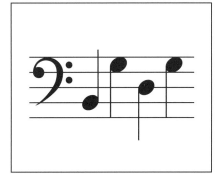
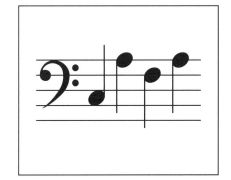

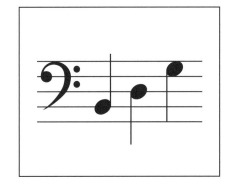
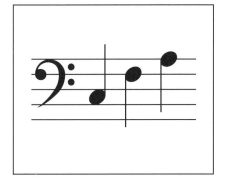
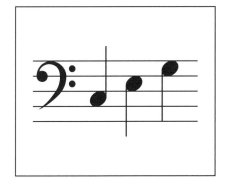

| ステップ 12 | ト音記号のラシド | 月　　日 |

1. (　)の中に音の名前を書きましょう

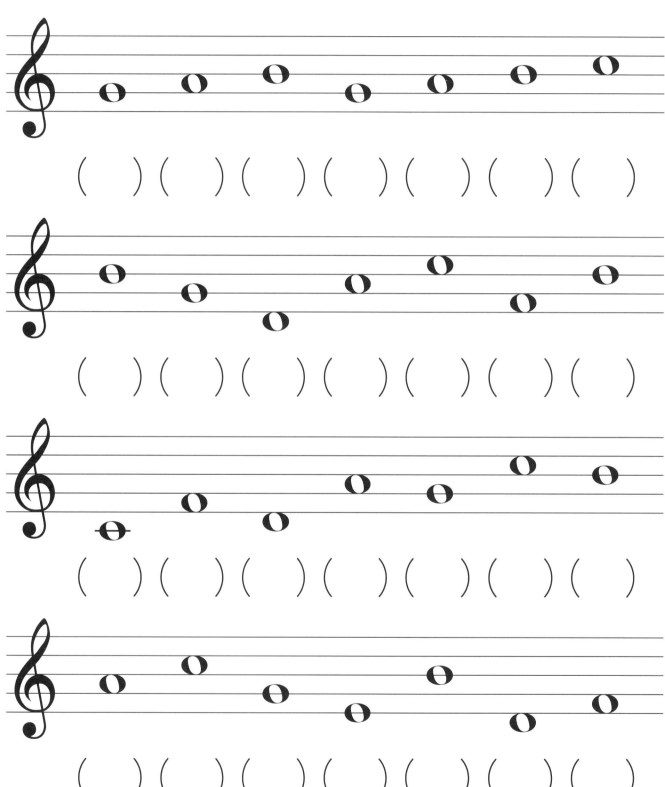

2. 全音符で書きましょう

ラ　ソ　ド　シ　ファ　ド　ラ

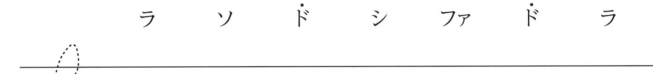

シ　ミ　ファ　ド　ラ　レ　ソ

ド　ソ　レ　ラ　ソ　シ　ファ

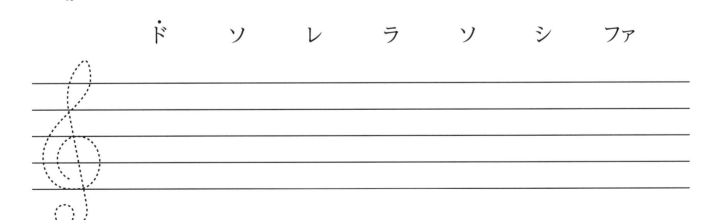

ミ　ド　ラ　ド　レ　シ　ソ

ステップ 13　　ヘ音記号のラシド　　月　日

1. ( )の中に音の名前を書きましょう

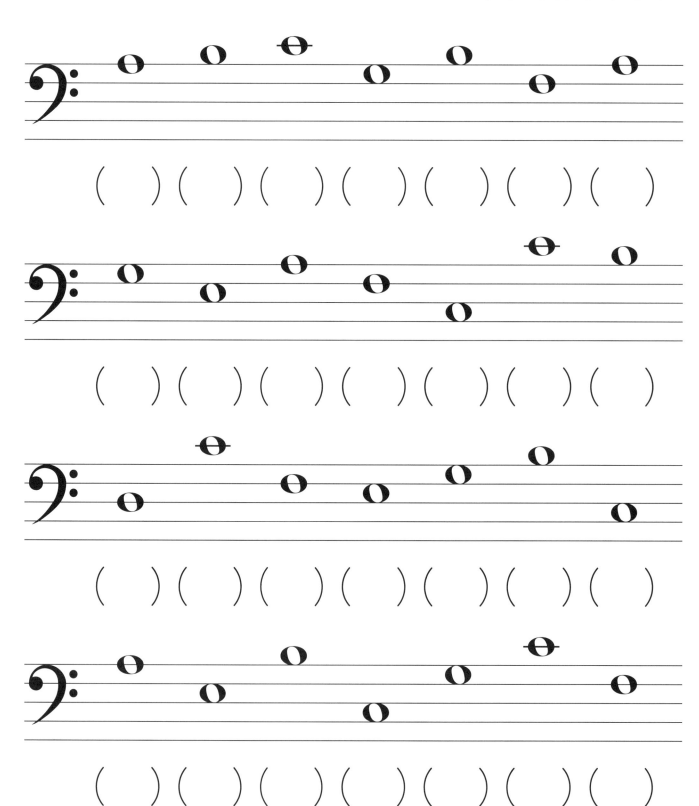

2. 全音符で書きましょう

ソ　ド　ラ　シ　ファ　ド　シ

ラ　レ　ミ　ド　シ　ソ　ド

レ　ファ　ミ　ラ　ド　シ　ソ

ド　ラ　レ　シ　ミ　ファ　ド

ステップ14　音階

1. 音階を書き、(　)の中に指番号を書きましょう

右手

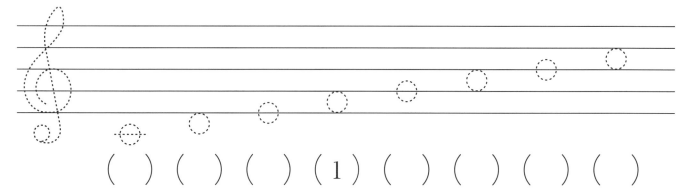

(　)(　)(　)(1)(　)(　)(　)(　)

左手

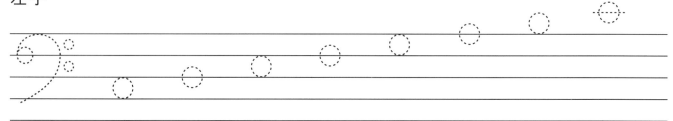

(　)(　)(　)(　)(　)(3)(　)(　)

2. (　)の中に音符または休符を書きましょう

四分音符 ---------- (　)　　　全休符 ---------- (　)

全音符 ---------- (　)　　　二分音符 ---------- (　)

二分休符 ---------- (　)　　　四分休符 ---------- (　)

付点二分音符 -------- (　)

3. ( )の中に音の名前を書きましょう

ステップ 15 音符の棒の向き 　月　　日

1. 音符に棒をつけて、（　）の中に音の名前を書きましょう

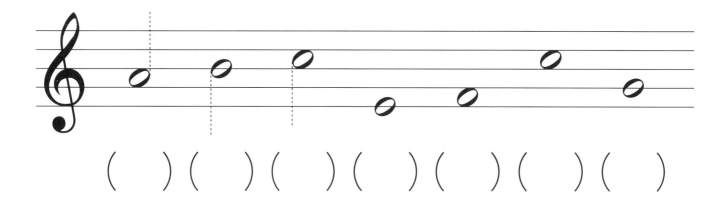

( ) ( ) ( ) ( ) ( ) ( ) ( )

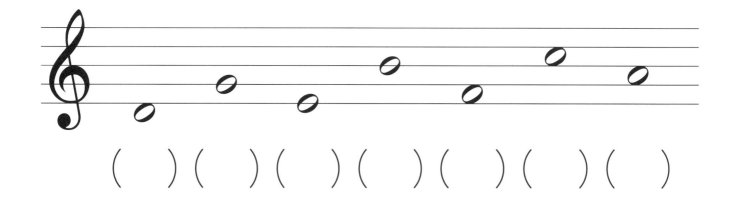

( ) ( ) ( ) ( ) ( ) ( ) ( )

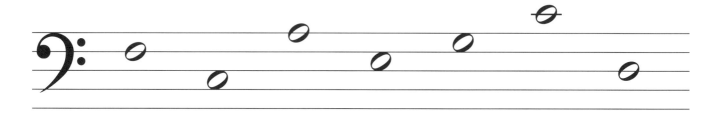

( ) ( ) ( ) ( ) ( ) ( ) ( )

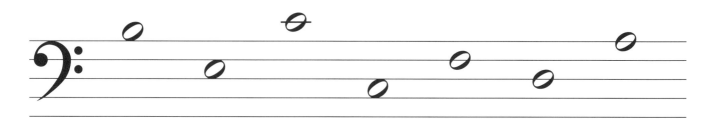

( ) ( ) ( ) ( ) ( ) ( ) ( )

2. 二分音符で書きましょう

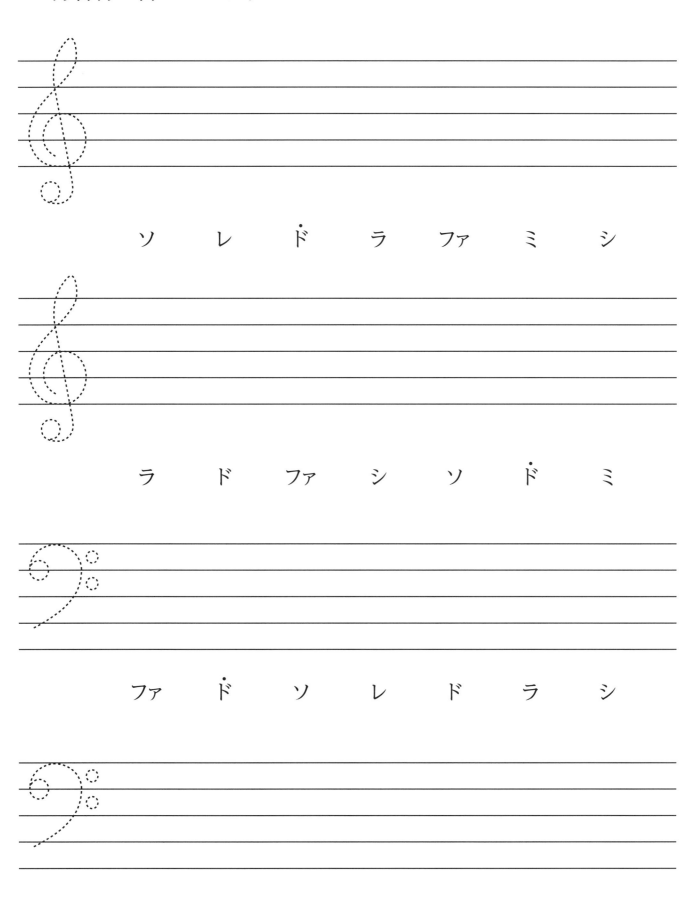

| ステップ 16 | まとめ | 月　　日 |

1. ( )の中に名前を書きましょう

𝄽 (　　　　　) 𝅗𝅥. (　　　　　)

𝅝 (　　　　　) ♪ (　　　　　)

𝄼 (　　　　　) 𝄻 (　　　　　)

𝅗𝅥 (　　　　　)

2. ( )の中に音符または休符で答えを書きましょう

𝅗𝅥 + ♪ = (　　　) 𝄽 + 𝄽 = (　　　)

𝅗𝅥. − 𝅗𝅥 = (　　　) 𝄻 + 𝄻 = (　　　)

♩ + ♩ = (　　　) 𝅝 − ♪ = (　　　)

𝅗𝅥. + ♪ = (　　　) 𝄻 − 𝄻 = (　　　)

3. ( )の中に音の名前を書き、同じ音のカードを線で結びましょう

( )

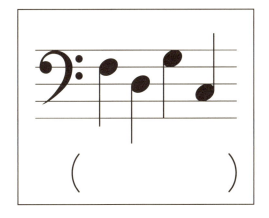
( )

( )

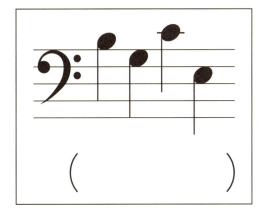
( )

( )

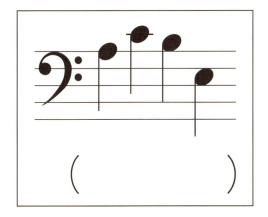
( )

( )

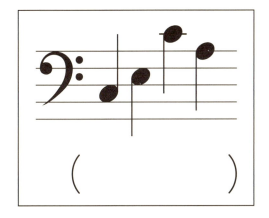
( )

ステップ 17　　いろいろな記号　　月　日

1. ( )の中に名前を書きましょう

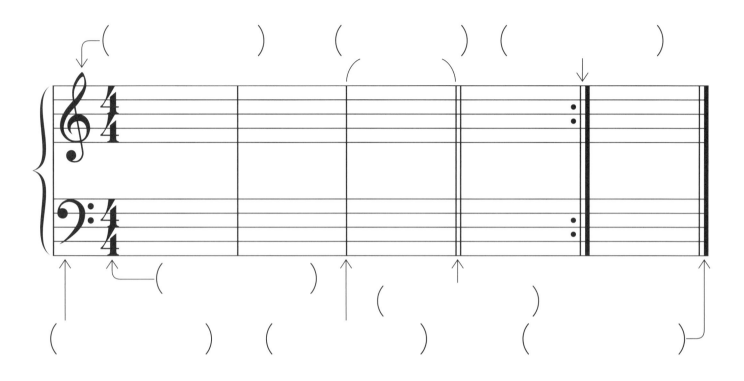

2. ( )の中に音の名前を書きましょう

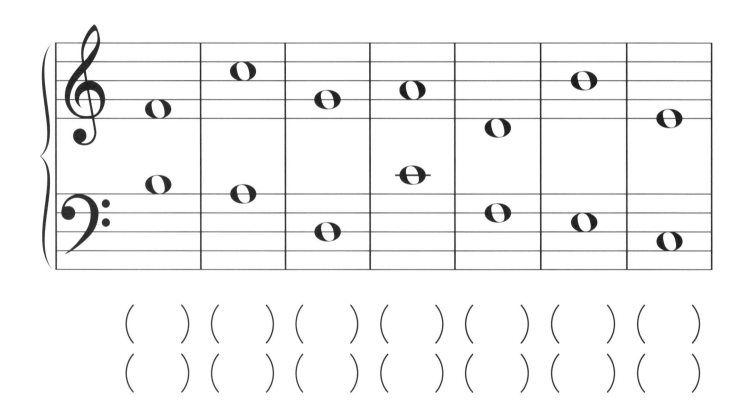

3. 付点二分音符で書きましょう

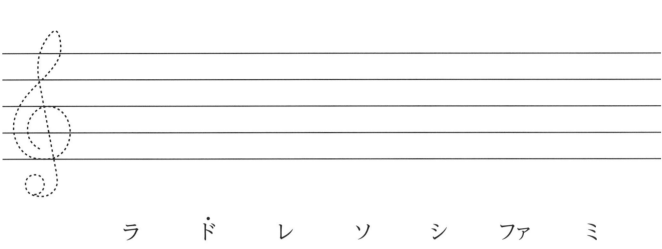

　　　　　ラ　　ド　　レ　　ソ　　シ　　ファ　ミ

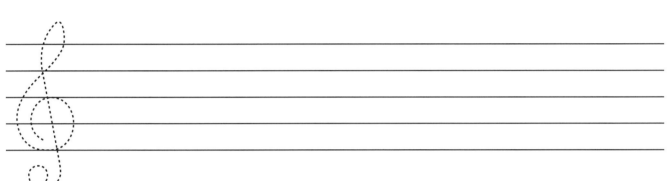

　　　　　ソ　　ド　　ファ　レ　　ラ　　ミ　　シ

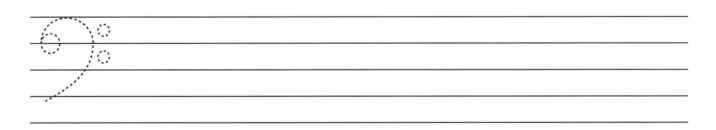

　　　　　レ　　ラ　　ソ　　ド　　ファ　シ　　ミ

　　　　　ソ　　シ　　ド　　ラ　　レ　　ファ　ド

ステップ 18　拍子記号

1. ( )の中に書きましょう

$\frac{4}{4}$ …… 4分の4拍子は、(　　　　　　) を1拍として

1小節に (　　) 拍の拍子

$\frac{3}{4}$ …… 4分の3拍子は、(　　　　　　) を1拍として

1小節に (　　) 拍の拍子

$\frac{2}{4}$ …… 4分の2拍子は、(　　　　　　) を1拍として

1小節に (　　) 拍の拍子

2. 縦線で区切りましょう

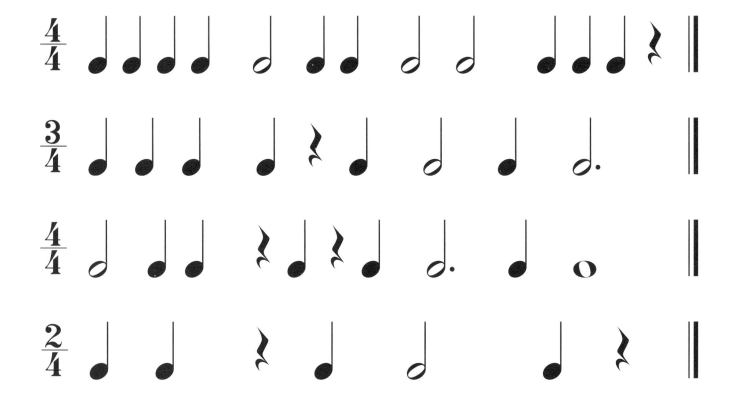

3.( )の中に音の名前を書きましょう

ステップ 19　タイ・スラー・スタッカート

1. ( )の中に名前を書きましょう

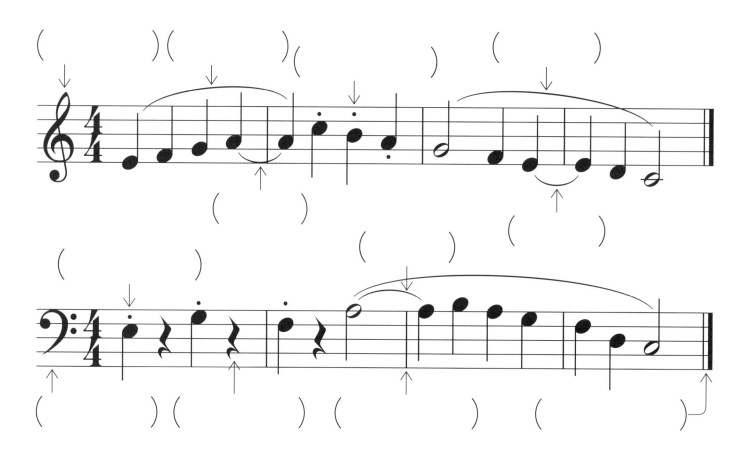

2. タイの長さを数字で書きましょう

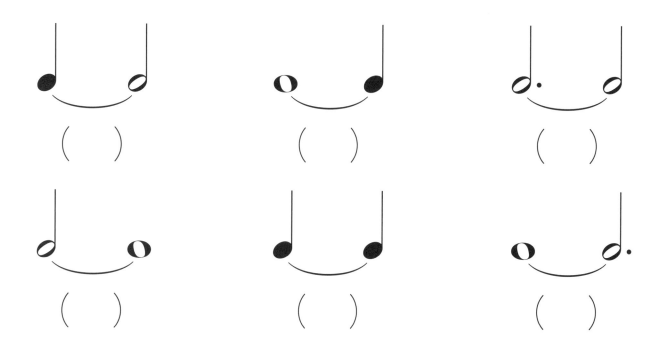

3. ( )の中に音の名前を書き、同じ音のカードを線で結びましょう

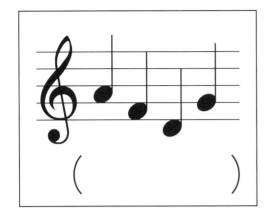

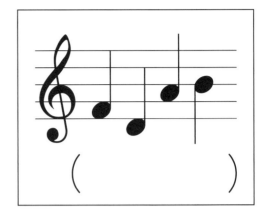

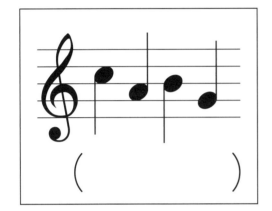

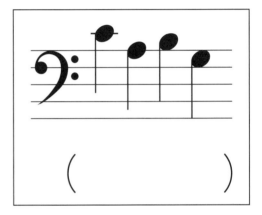

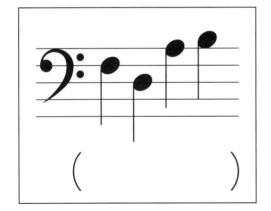

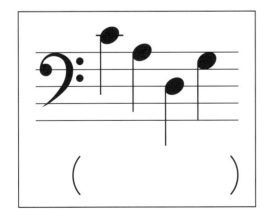

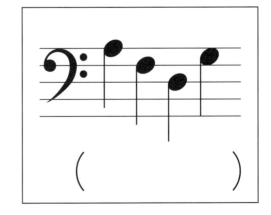

復 習

1. ( )の中に名前を書きましょう

2. 縦線で区切りましょう

3. ( )の中に音の名前を書きましょう

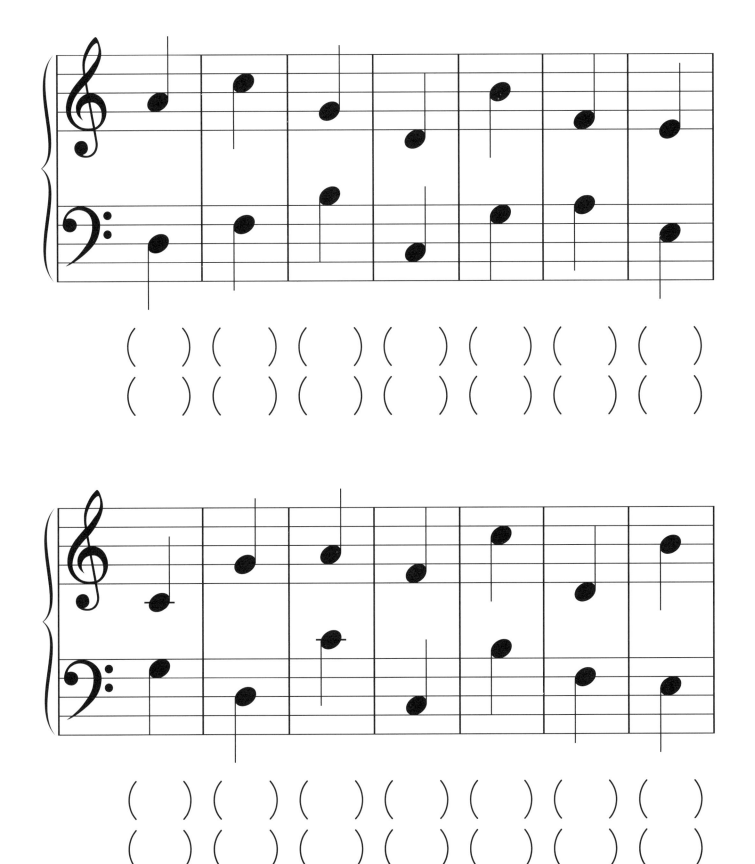

ステップ 21 — シャープ・フラット・ナチュラル

1. ( )の中に名前と意味を書きましょう

　　　　　名前　　　　　　　　　　意味

♯ （　　　　　　　）（　　　　　　　　　）

♭ （　　　　　　　）（　　　　　　　　　）

♮ （　　　　　　　）（　　　　　　　　　）

2. 黒鍵をひく音を○で囲みましょう

3. カードと鍵盤を線で結びましょう

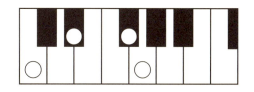

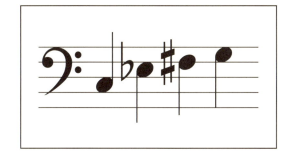
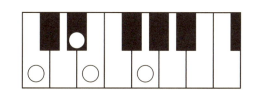

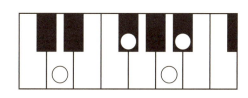

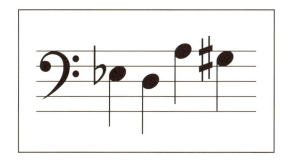
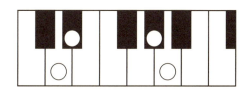

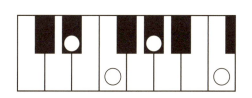

ステップ 22　　復習　　月　日

1. ト音記号の音をヘ音記号に書きなおしましょう

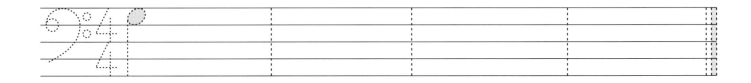

2. ヘ音記号の音をト音記号に書きなおしましょう

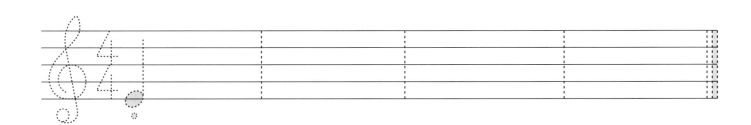

3. 同じ長さのものを線で結びましょう（4/4のとき）

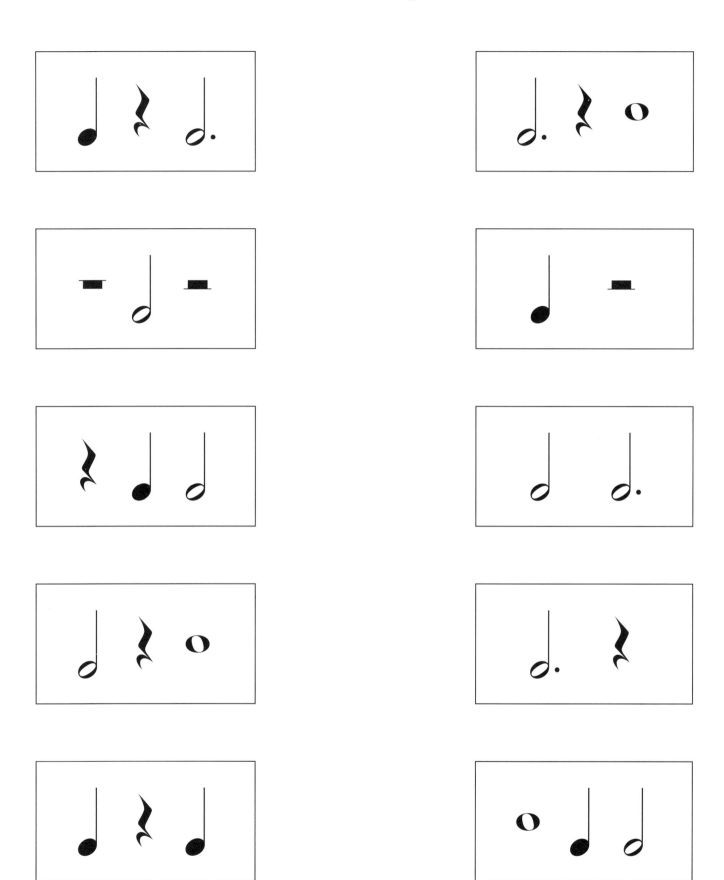

ステップ 23　　復　習　　月　日

1. ( )の中に名前を書きましょう

𝄽 (　　　　　　　)　♭ (　　　　　　　)

𝅗𝅥 (　　　　　　　)　♩ (　　　　　　　)

𝄻 (　　　　　　　)　𝅗𝅥. (　　　　　　　)

𝄾 (　　　　　　　)　𝅝 (　　　　　　　)

𝄼 (　　　　　　　)　♯ (　　　　　　　)

2. ( )の中に音符または休符で答えを書きましょう

𝄽 + 𝄽 = (　　　)　　𝅗𝅥. − ♩ = (　　　)

𝅗𝅥 − ♩ = (　　　)　　𝅝 − 𝅗𝅥 = (　　　)

𝄻 + 𝄻 = (　　　)　　♩ + 𝅗𝅥 = (　　　)

𝅗𝅥. + ♩ = (　　　)　　𝄼 − 𝄽 = (　　　)

3.（　）の中に音の名前を書きましょう

ステップ 24　　復　習　　月　日

1. ヒントと音符を線で結びましょう

- 全音符のラ
- ファのシャープ
- レのフラット
- 二分音符のシ
- ソのシャープ
- 付点二分音符のソ
- 二分音符のファ
- 四分音符のソ
- 全音符のド
- 四分音符のレ

2. ( )の中に指番号を書きましょう

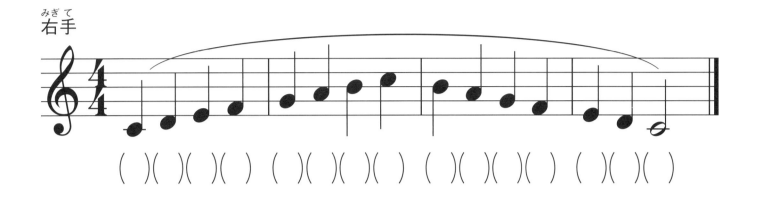

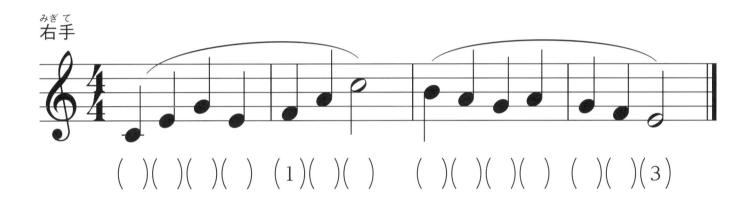

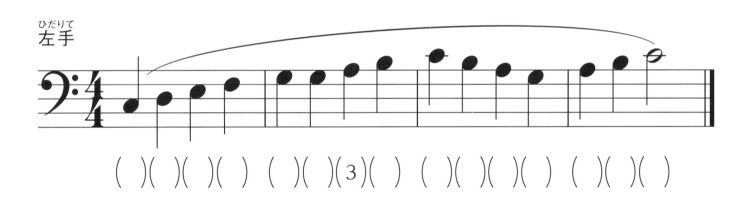

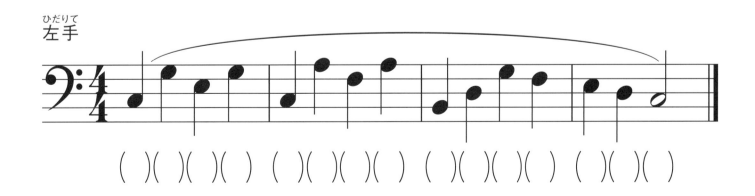

| ステップ 25 | 復　習 | 月　日 |

1.（　）の中に音符を書きましょう

2.（　）の中に休符を書きましょう

3. ( )の中に音の名前を書きましょう

| ステップ 26 | 復 習 | 月　　日 |

1. ( )の中に名前を書き、長さの数だけリンゴをぬりましょう（$\frac{4}{4}$のとき）

 (　　　　　　　　　　)

 (　　　　　　　　　　)

 (　　　　　　　　　　)

 (　　　　　　　　　　) 🍎🍎🍎🍎

 (　　　　　　　　　　) 🍎🍎🍎🍎

 (　　　　　　　　　　) 🍎🍎🍎🍎

━ (　　　　　　　　　　) 🍎🍎🍎🍎

2. ( )の中に名前と意味を書きましょう

　　　　　名前　　　　　　　　意味

♯ (　　　　　　) (　　　　　　　　　　)

♭ (　　　　　　) (　　　　　　　　　　)

♮ (　　　　　　) (　　　　　　　　　　)

3. (　)の中に音の名前を書きましょう

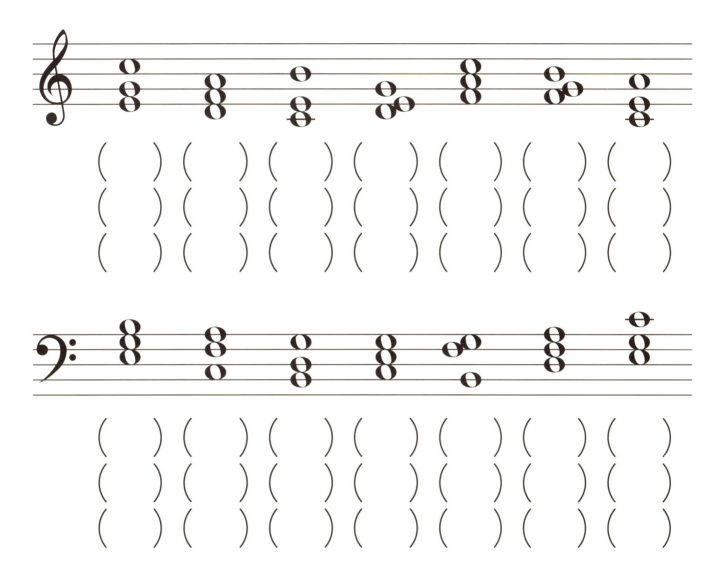

4. 音符と鍵盤を線で結びましょう

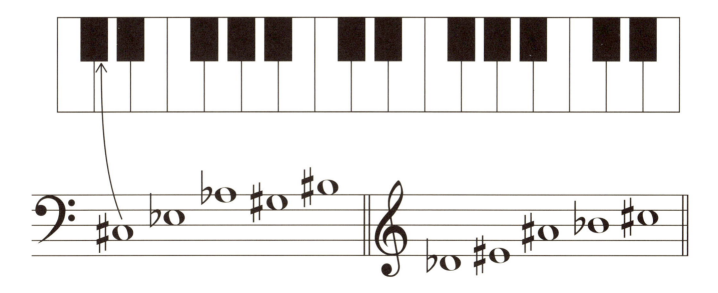

＜楽しくてわかりやすい小学生向きテキスト＞

ぐんぐん伸びる 小学生のピアノ教本 ①〜③	小学生になって初めてピアノを習う人や、「よいこのピアノ」など幼児向きテキストの終了後に進むテキスト。小学生の理解度に合わせてハイ・ペースに進んでいきます。「ぐんぐんワーク・ブック」に対応。	各定価 [本体1,200円+税]
はじめてのピアノ教本 ①〜⑤	譜読みとなめらかな指の動きを重視しながら、丁寧に進んでいくテキスト。ゆっくりのペースで十分な反復練習をしながらそれぞれの課題を吸収していきます。	各定価 [本体1,200円+税]
はじめてのピアノ・ワークブック ①〜⑩ （にこにこクイズつき）	「はじめてのピアノ教本」に対応したワーク・ブックで、後半になると一冊のテキストに対して二冊のワーク・ブックで対応。「にこにこクイズ」は楽しい音符のクイズです。	各定価 [本体950円+税]
わんぱくピアノ・ブック ①〜⑤ （ソルフェージュつき）	楽しい歌の形でソルフェージュを挿入した合理的なテキスト。連弾や知っている曲のレパートリーも含まれており、楽しみながらピアノの基礎を身につけます。	各定価 [本体1,200円+税]
わんぱくワーク・ブック ①〜⑤ （ちょうおんゲームつき）	「わんぱくピアノ・ブック」に対応したワーク・ブックで、音符やリズムを覚えながら、聴音をゲームの形で取り入れた新しいスタイルのワーク・ブックです。	各定価 [本体950円+税]
楽しくてわかりやすい ジュニア・バイエル ①〜③ （カード&レパートリーつき）	バイエルの44番以降を三巻に分け、バイエルを進んでいくための基本トレーニングと楽しいレパートリーを加えた新しいバイエルです。これ一冊で進めます。	各定価 [本体1,300円+税]
バイエル後半対応 ジュニア・ワークブック ①〜③ （リスニング・ゲームつき）	「ジュニア・バイエル」に対応したワーク・ブックで、ヘ音記号の音を重点的に学んでいきます。「リスニング・ゲーム」で聴音も取り入れながら、バイエルをサポートします。	各定価 [本体950円+税]
ピアノの基本 テクニック・マスター ①〜④	指の形と集中力をトレーニングするテキスト。全曲ユニゾンで初歩の段階から使えるよう配慮されています。リズム変化やタッチ・コントロールを学びます。	各定価 [本体1,200円+税]
小学生のための おんぷワーク・ブック ①〜⑤	譜読みが苦手な人のために、徹底してトレーニングするワーク・ブックです。各巻音域別となっており、小学生向きの設問形式で確実に進んでいきます。	各定価 [本体950円+税]
わたしのワーク・ブック ①〜⑤ （ふよみとソルフェージュ）	音符と楽典を学びながら、ソルフェージュの能力も高めていくワーク・ブック。楽しいクイズや音符を読む練習に加えて、ピアノで弾く練習も含まれています。	各定価 [本体950円+税]

遠藤蓉子ホームページ　http://yoppii.g.dgdg.jp/

【YouTube】よっぴーのお部屋　レッスンの扉
　　　　　楽しいレッスンのサンプルを動画でアップロード

著　者　遠藤蓉子
ＤＴＰ　アトリエ・ベアール
発行者　鈴木祥子
発行所　株式会社サーベル社
定　価　[本体950円+税]
発行日　2025年6月10日

**小学生のための
ぐんぐんワーク・ブック ①**

〒130-0025　東京都墨田区千歳2-9-13
TEL 03-3846-1051　FAX 03-3846-1391
http://www.saber-inc.co.jp/

この著作物を権利者に無断で複写複製することは、著作権法で禁じられています。
万一、落丁・乱丁の場合は送料小社負担でお取り替えいたします。
ISBN978-4-88371-774-3 C0073 ¥0950E